5

ISBN 3-8157-1550-4
© 1997 Coppenrath Verlag, Münster
Kalligraphie von Annette Langen
Printed in Belgium

Annette Langen

MEIN FELIX SCHULFREUNDE-BUCH

Mit Geburtstagskalender

Illustrationen von Constanza Droop

COPPENRATH VERLAG MÜNSTER

LIEBER **FELIX**, - FAN!

Durch dieses Eintragbuch führen dich und deine Freunde
der reiselustige Kuschelhase **FELIX**, und das Mädchen
Sophie.

Die beiden kennen sich schon ewig. Um genau zu sein, seit
sie gemeinsam in der Babywiege gelegen haben. Auch als
Sophie größer wurde, durfte Felix immer noch bei ihr im
Bett schlafen. Die beiden sind unzertrennlich. Nur wenn
Sophie zur Schule geht, muss Felix zu Hause auf sie warten.
Dafür erzählt sie ihrem Kuschelhasen am Nachmittag ganz
genau, was dort so alles passiert ist. Sophie ist sich ganz
sicher, dass auch Felix Spaghetti über alles liebt. Die beiden
verstehen sich einfach immer.

Leider ist Felix sehr reiselustig! Er ist schon mehrmals ver-
schwunden und wenig
später kamen dann
seine Briefe aus aller
Welt für Sophie an.
Darin erzählte Felix
von fremden Ländern,
seltsamen Bräuchen
und von vielen
erstaunlichen Tieren.

Sogar von seiner abenteuerlichen Reise in den Weltraum hat er sich bei Sophie gemeldet...

Überall lernte der reiselustige Kuschelhase viele neue Freunde kennen, aber seine allerbeste Freundin zu Hause in Münster fehlte ihm unterwegs sehr. Und so kam es, dass Felix jedesmal wieder zu Sophie zurückkehrte!

In diesem Eintragbuch finden deine Freunde und Freundinnen aus deiner Klasse, aus dem Sportverein, die von nebenan und vielleicht sogar einige Kinder aus aller Welt Platz. Wer ganz genau hinschaut, entdeckt auf manchen Buchseiten sogar echte Spuren von Felix und Sophie! Denn die beiden wollten unbedingt auch eintragen, wo sie wohnen und was ihnen besonders gut gefällt.

Der praktische Geburtstagskalender ganz hinten im Buch hilft dir rund ums Jahr an alle Geburtstagskinder zu denken! Aber nun:

VIEL SPAß MIT FELIX!

PLATZ FÜR
DEIN FOTO ODER
FÜR DEIN GEMÄLDE.

DIESES BUCH GEHÖRT:

_____

Meine Adresse: _____

_____

Telefon: _____

Mein Geburtstag ist am: _____

Mein Sternzeichen: _____

Meine Haarfarbe: _____

Meine Augenfarbe: _____

Ich gehe auf diese Schule: _____

in die Klasse: _____

In den Schulferien bin ich schon verreist. Besonders schön fand ich die Reise nach:

_____

_____

mit: _____

_____

Was ich besonders mag: _____
(Hobbys, Lieblingstiere, -musik,
-filme, -bücher, -spiele, -speisen)

_____

_____

_____

Was ich überhaupt nicht mag: _____

_____

_____

Das möchte ich machen, wenn ich groß bin:

_____

Das wünsche ich mir: _____

_____

HIER IST PLATZ
FÜR EIN FOTO ;-
VON DIR !

Das bin ich: _____

Meine Adresse: _____

_____

Telefon: _____

Mein Geburtstag ist am: _____

Mein Sternzeichen: _____

Meine Haarfarbe: _____

Meine Augenfarbe: _____

Ich gehe auf diese Schule: _____

_____

in die Klasse: _____

In den Schul-
ferien bin ich schon
verreist. Besonders
schön fand ich die Reise nach: _____

_____

mit: _____

_____

Was ich besonders mag: _____
(Hobbys, Lieblingstiere, -musik,
-filme, -bücher, -spiele, -speisen)

_____

_____

_____

Was ich überhaupt nicht mag: _____

_____

_____

Das möchte ich machen, wenn ich groß bin: _____

_____

Das wünsche ich mir: _____

_____

PLATZ FÜR
DEIN FOTO ODER
FÜR DEIN GEMÄLDE.

Das bin ich: _____

Meine Adresse: _____

_____

Telefon: _____

Mein Geburtstag ist am: _____

Mein Sternzeichen: _____

Meine Haarfarbe: _____

Meine Augenfarbe: _____

Ich gehe auf diese Schule: _____

_____

in die Klasse: _____

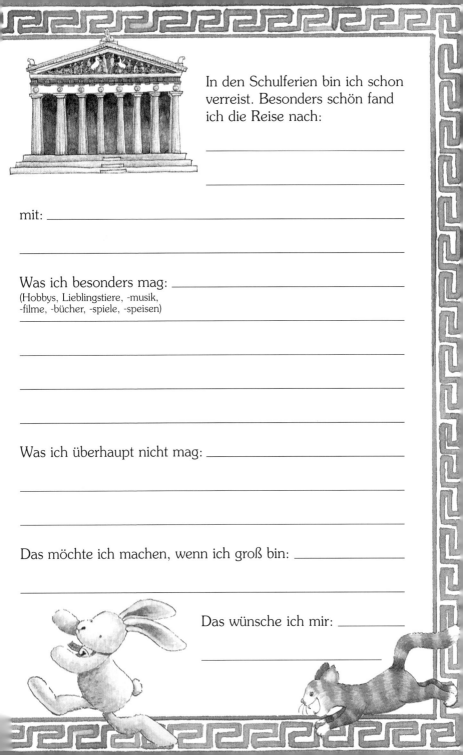

In den Schulferien bin ich schon
verreist. Besonders schön fand
ich die Reise nach:

_____

_____

mit: _____

_____

Was ich besonders mag: _____
(Hobbys, Lieblingstiere, -musik,
-filme, -bücher, -spiele, -speisen)

_____

_____

_____

Was ich überhaupt nicht mag: _____

_____

_____

Das möchte ich machen, wenn ich groß bin: _____

_____

Das wünsche ich mir: _____

_____

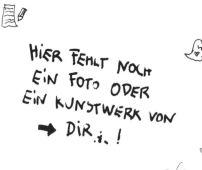

HIER FEHLT NOCH
EIN FOTO ODER
EIN KUNSTWERK VON
➙ DIR.i. !

Das bin ich: _____

Meine Adresse: _____

_____

Telefon: _____

Mein Geburtstag ist am: _____

Mein Sternzeichen: _____

    Meine Haarfarbe: _____

    Meine Augenfarbe: _____

    Ich gehe auf diese Schule: _____

    _____

    in die Klasse: _____

In den Schulferien bin ich schon verreist.
Besonders schön fand ich die Reise nach:

_____

mit: _____

_____

Was ich besonders mag: _____
(Hobbys, Lieblingstiere, -musik,
-filme, -bücher, -spiele, -speisen)

_____

_____

_____

Was ich überhaupt nicht mag: _____

_____

_____

Das möchte ich machen, wenn ich groß bin: _____

_____

_____

Das wünsche ich mir: _____

_____

ICH, UNTER-
WEGS IN
PARIS!

Das bin ich: FELIX.

Meine Adresse: MARTINISTRASSE 19
48143 MÜNSTER

Telefon: BRAUCHE KEINES, SCHREIBE

Mein Geburtstag ist am: SELBEN TAG WIE SOPHIES

Mein Sternzeichen: SUCHE ICH NOCH IM WELTALL!

Meine ~~Haar~~ FELL- farbe: GOLDBRAUN

Meine Augenfarbe: SCHWARZ

Ich gehe ~~in diese~~ NICHT ZUR Schule: ABER SOPHIE

ERZÄHLT MIR, WAS DA

~~in der Klasse:~~ PASSIERT IST.

In den Schulferien bin ich schon verreist. Besonders schön fand ich die Reise ~~nach~~ IN DER RAKETE ZUM MOND. ABER mit: SOPHIE WAR ICH SCHON AM STRAND - DAS WAR KLASSE.

Was ich besonders mag: HEIMLICH UM DIE WELT
(Hobbys, Lieblingstiere, -musik, -filme, -bücher, -spiele, -speisen) REISEN, DIESE GESTREIFTEN PFERDE IN AFRIKA, HIP-HOP, DER KLEINE HÄWELMANN, SCHWARZER PETER, MÖHREN NATÜRLICH + SPAGHETTI OHNE SOßE.

Was ich überhaupt nicht mag: KATZEN ~~EX~~, DIE MICH JAGEN!

Das möchte ich machen, wenn ich groß bin: ICH :. BLEIBE WAS ICH BIN: EIN HASE IN DEN ALLERBESTEN JAHREN.

Das wünsche ich mir: BEI SOPHIE WOHNEN - FÜR IMMER.

HIER FEHLT NUR NOCH DAS ALLER-SCHÖNSTE FOTO VON DIR!

Das bin ich: _____

Meine Adresse: _____

_____

Telefon: _____

Mein Geburtstag ist am: _____

Mein Sternzeichen: _____

Meine Haarfarbe: _____

Meine Augenfarbe: _____

Ich gehe auf diese Schule: _____

_____

in die Klasse: _____

In den Schulferien bin ich schon verreist.
Besonders schön fand ich die Reise
nach:

_____

_____

mit: _____

_____

Was ich besonders mag: _____
(Hobbys, Lieblingstiere, -musik,
-filme, -bücher, -spiele, -speisen) _____

_____

_____

Was ich überhaupt nicht mag: _____

_____

_____

Das möchte ich machen, wenn ich groß bin: _____

_____

Das wünsche ich mir: _____

_____

_____

PLATZ FÜR
DEIN FOTO ODER
FÜR DEIN GEMÄLDE.

Das bin ich:

_____

Meine Adresse: _____

_____

Telefon: _____

Mein Geburtstag ist am: _____

Mein Sternzeichen: _____

Meine Haarfarbe: _____

Meine Augenfarbe: _____

Ich gehe auf diese Schule: _____

in die Klasse: _____

In den Schulferien bin ich schon verreist. Besonders schön fand ich die Reise nach:

_____

_____

mit: _____

_____

Was ich besonders mag: _____
(Hobbys, Lieblingstiere, -musik,
-filme, -bücher, -spiele, -speisen)

_____

_____

_____

Was ich überhaupt nicht mag: _____

_____

_____

Das möchte ich machen, wenn ich groß bin:

_____

Das wünsche ich mir: _____

_____

HIER IST PLATZ
FÜR EIN FOTO ‑
VON DIR!

Das bin ich: _____

Meine Adresse: _____

_____

Telefon: _____

Mein Geburtstag ist am: _____

Mein Sternzeichen: _____

Meine Haarfarbe: _____

Meine Augenfarbe: _____

Ich gehe auf diese Schule: _____

_____

in die Klasse: _____

In den Schul-
ferien bin ich schon
verreist. Besonders
schön fand ich die Reise nach: _____

_____

mit: _____

_____

Was ich besonders mag: _____
(Hobbys, Lieblingstiere, -musik,
-filme, -bücher, -spiele, -speisen)

_____

_____

_____

Was ich überhaupt nicht mag: _____

_____

_____

Das möchte ich machen, wenn ich groß bin: _____

_____

Das wünsche ich mir: _____

_____

PLATZ FÜR
DEIN FOTO ODER
FÜR DEIN GEMÄLDE.

Das bin ich: _____

Meine Adresse: _____

_____

Telefon: _____

Mein Geburtstag ist am: _____

Mein Sternzeichen: _____

Meine Haarfarbe: _____

Meine Augenfarbe: _____

Ich gehe auf diese Schule: _____

_____

in die Klasse: _____

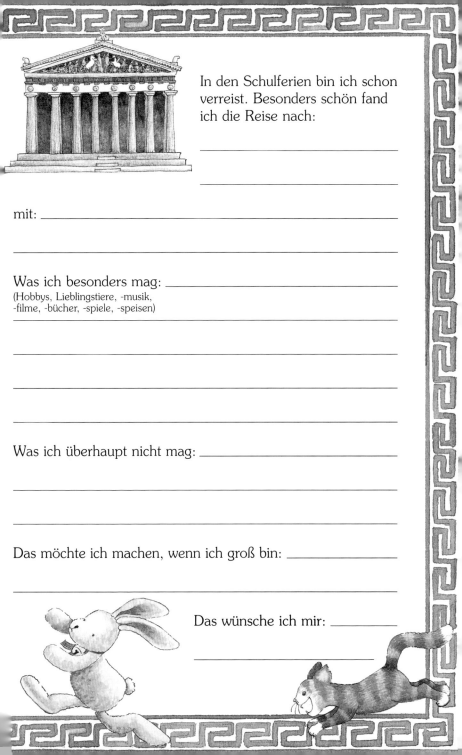

In den Schulferien bin ich schon verreist. Besonders schön fand ich die Reise nach:

_____

_____

mit: _____

_____

Was ich besonders mag: _____
(Hobbys, Lieblingstiere, -musik,
-filme, -bücher, -spiele, -speisen)

_____

_____

_____

Was ich überhaupt nicht mag: _____

_____

_____

Das möchte ich machen, wenn ich groß bin: _____

_____

Das wünsche ich mir: _____

_____

HIER FEHLT NOCH
EIN FOTO ODER
EIN KUNSTWERK VON
➡ DIR .;. !

Das bin ich: _____

Meine Adresse: _____

_____

Telefon: _____

Mein Geburtstag ist am: _____

Mein Sternzeichen: _____

Meine Haarfarbe: _____

Meine Augenfarbe: _____

Ich gehe auf diese Schule: _____

_____

in die Klasse: _____

In den Schulferien bin ich schon verreist.
Besonders schön fand ich die Reise nach:

_____

mit: _____

_____

Was ich besonders mag: _____
(Hobbys, Lieblingstiere, -musik,
-filme, -bücher, -spiele, -speisen)
_____

_____

_____

_____

Was ich überhaupt nicht mag: _____

_____

_____

Das möchte ich machen, wenn ich groß bin: _____

_____

_____

Das wünsche ich mir: _____

_____

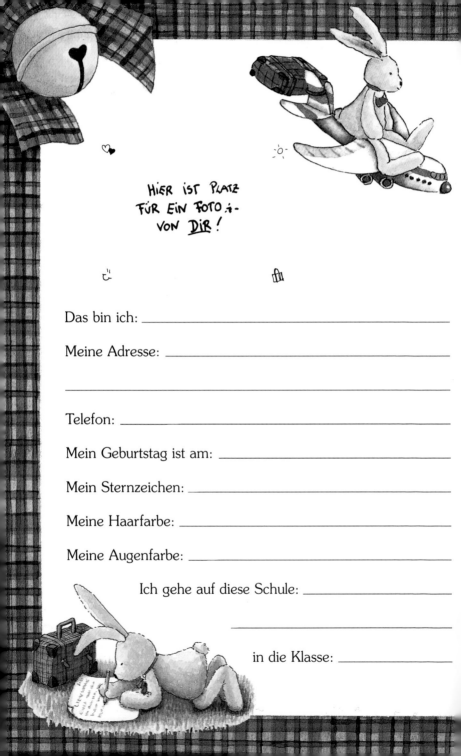

HIER IST PLATZ
FÜR EIN FOTO ;-
VON _DIR_ !

Das bin ich: _____

Meine Adresse: _____

_____

Telefon: _____

Mein Geburtstag ist am: _____

Mein Sternzeichen: _____

Meine Haarfarbe: _____

Meine Augenfarbe: _____

Ich gehe auf diese Schule: _____

_____

in die Klasse: _____

In den Schulferien bin ich schon verreist. Besonders
schön fand ich die Reise nach: _____

_____

mit: _____

_____

Was ich besonders mag: _____
(Hobbys, Lieblingstiere, -musik,
-filme, -bücher, -spiele, -speisen)

_____

_____

_____

Was ich überhaupt nicht mag: _____

_____

_____

Das möchte ich machen, wenn ich groß bin: _____

_____

_____

Das wünsche ich mir: _____

_____

HIER FEHLT NUR
NOCH DAS ALLER-
SCHÖNSTE FOTO
VON DIR!

Das bin ich: _____

Meine Adresse: _____

_____

Telefon: _____

Mein Geburtstag ist am: _____

Mein Sternzeichen: _____

Meine Haarfarbe: _____

Meine Augenfarbe: _____

Ich gehe auf diese Schule: _____

_____

in die Klasse: _____

In den Schulferien bin ich schon verreist.
Besonders schön fand ich die Reise
nach:

_____

_____

mit: _____

_____

Was ich besonders mag: _____
(Hobbys, Lieblingstiere, -musik,
-filme, -bücher, -spiele, -speisen)

_____

_____

Was ich überhaupt nicht mag: _____

_____

_____

Das möchte ich machen, wenn ich groß bin: _____

_____

Das wünsche ich mir: _____

_____

_____

LONDON

I ♥ PARIS

PLATZ FÜR
DEIN FOTO ODER
FÜR DEIN GEMÄLDE.

Das bin ich:

_____

Meine Adresse: _____

_____

Telefon: _____

Mein Geburtstag ist am: _____

Mein Sternzeichen: _____

Meine Haarfarbe: _____

Meine Augenfarbe: _____

Ich gehe auf diese Schule: _____

in die Klasse: _____

In den Schulferien bin ich schon verreist. Besonders schön fand ich die Reise nach:

_____

_____

mit: _____

_____

Was ich besonders mag: _____
(Hobbys, Lieblingstiere, -musik,
-filme, -bücher, -spiele, -speisen)

_____

_____

_____

Was ich überhaupt nicht mag: _____

_____

_____

Das möchte ich machen, wenn ich groß bin:

_____

Das wünsche ich mir: _____

_____

HIER IST PLATZ
FÜR EIN FOTO +-
VON DIR!

Das bin ich: _____

Meine Adresse: _____

_____

Telefon: _____

Mein Geburtstag ist am: _____

Mein Sternzeichen: _____

Meine Haarfarbe: _____

Meine Augenfarbe: _____

Ich gehe auf diese Schule: _____

_____

in die Klasse: _____

In den Schul-
ferien bin ich schon
verreist. Besonders
schön fand ich die Reise nach: _____

_____

mit: _____

_____

Was ich besonders mag: _____
(Hobbys, Lieblingstiere, -musik,
-filme, -bücher, -spiele, -speisen)

_____

_____

_____

Was ich überhaupt nicht mag: _____

_____

_____

Das möchte ich machen, wenn ich groß bin: _____

_____

Das wünsche ich mir: _____

_____

PLATZ FÜR
DEIN FOTO ODER
FÜR DEIN GEMÄLDE.

Das bin ich: _____

Meine Adresse: _____

_____

Telefon: _____

Mein Geburtstag ist am: _____

Mein Sternzeichen: _____

Meine Haarfarbe: _____

Meine Augenfarbe: _____

Ich gehe auf diese Schule: _____

_____

in die Klasse: _____

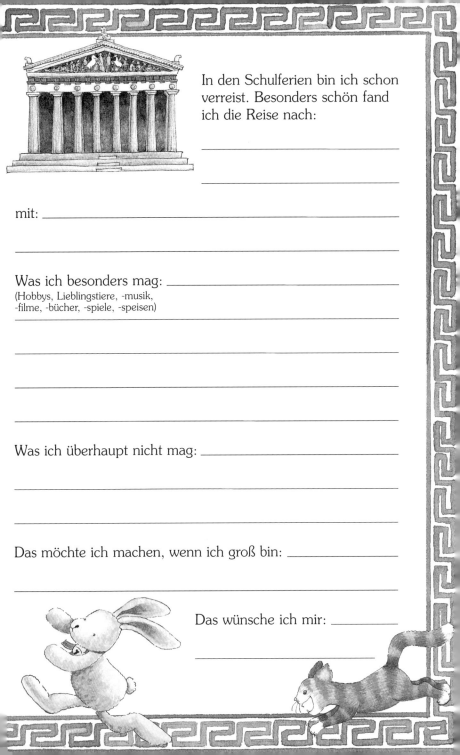

In den Schulferien bin ich schon verreist. Besonders schön fand ich die Reise nach:

_____

_____

mit: _____

_____

Was ich besonders mag: _____
(Hobbys, Lieblingstiere, -musik,
-filme, -bücher, -spiele, -speisen)

_____

_____

_____

Was ich überhaupt nicht mag: _____

_____

_____

Das möchte ich machen, wenn ich groß bin: _____

_____

Das wünsche ich mir: _____

_____

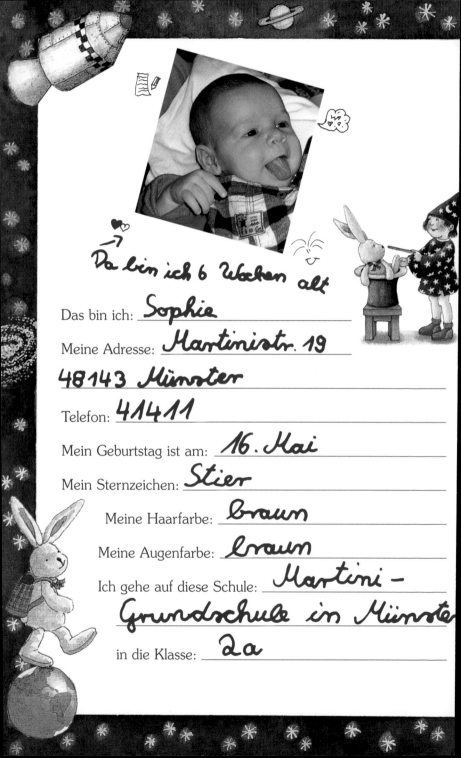

Da bin ich 6 Wochen alt

Das bin ich: Sophie

Meine Adresse: Martinistr. 19

48143 Münster

Telefon: 41411

Mein Geburtstag ist am: 16. Mai

Mein Sternzeichen: Stier

Meine Haarfarbe: braun

Meine Augenfarbe: braun

Ich gehe auf diese Schule: Martini-

Grundschule in Münster

in die Klasse: 2a

In den Schulferien bin ich schon verreist.
Besonders schön fand ich die Reise nach:

Frankreich, mit meiner Familie

mit: ten in der Steinzeithöhle
habe ich Felix wiedergefunden!

Was ich besonders mag: Schwimmen, Baum-
(Hobbys, Lieblingstiere, -musik,
-filme, -bücher, -spiele, -speisen) buden bauen,
Hunde, Pferde, Das Dschungelbuch,
Memory, alle Puzzles, Pizza,
Omis Apfel-Pfannekuchen,

Was ich überhaupt nicht mag: Strumpfhosen
aus kratziger Wolle, wenn
mein Fahrrad kaputt ist.

Das möchte ich machen, wenn ich groß bin: Die
Elefanten in Afrika be-
schützen

Das wünsche ich mir: mit Felix um
die ganze Welt reisen.

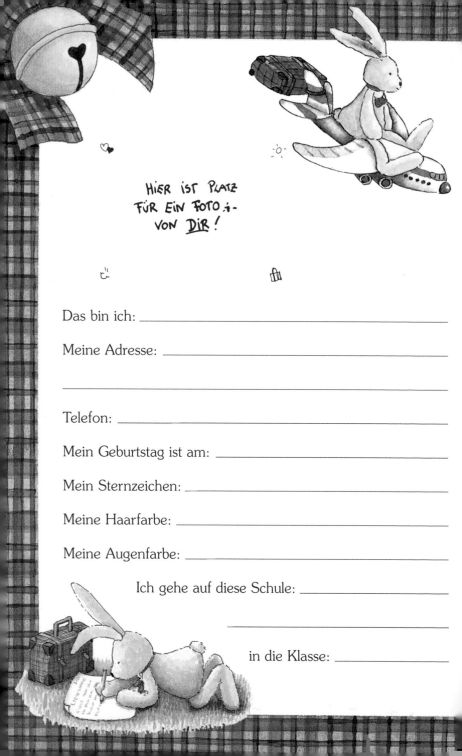

HIER IST PLATZ
FÜR EIN FOTO
VON DIR!

Das bin ich: _____

Meine Adresse: _____

_____

Telefon: _____

Mein Geburtstag ist am: _____

Mein Sternzeichen: _____

Meine Haarfarbe: _____

Meine Augenfarbe: _____

Ich gehe auf diese Schule: _____

_____

in die Klasse: _____

In den Schulferien bin ich schon verreist. Besonders
schön fand ich die Reise nach: _____

_____

mit: _____

_____

Was ich besonders mag: _____
(Hobbys, Lieblingstiere, -musik,
-filme, -bücher, -spiele, -speisen)

_____

_____

_____

Was ich überhaupt nicht mag: _____

_____

_____

Das möchte ich machen, wenn ich groß bin: _____

_____

_____

Das wünsche ich mir: _____

_____

HIER FEHLT NUR
NOCH DAS ALLER-
SCHÖNSTE FOTO
VON DIR!

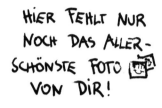

Das bin ich: _____

Meine Adresse: _____

_____

Telefon: _____

Mein Geburtstag ist am: _____

Mein Sternzeichen: _____

Meine Haarfarbe: _____

Meine Augenfarbe: _____

Ich gehe auf diese Schule: _____

_____

in die Klasse: _____

In den Schulferien bin ich schon verreist.
Besonders schön fand ich die Reise
nach:

_____

_____

mit: _____

_____

Was ich besonders mag: _____
(Hobbys, Lieblingstiere, -musik,
-filme, -bücher, -spiele, -speisen)

_____

_____

Was ich überhaupt nicht mag: _____

_____

_____

Das möchte ich machen, wenn ich groß bin: _____

_____

Das wünsche ich mir: _____

_____

PLATZ FÜR
DEIN FOTO ODER
FÜR DEIN GEMÄLDE.

Das bin ich:

_____

Meine Adresse: _____

_____

Telefon: _____

Mein Geburtstag ist am: _____

Mein Sternzeichen: _____

Meine Haarfarbe: _____

Meine Augenfarbe: _____

Ich gehe auf diese Schule: _____

in die Klasse: _____

In den Schulferien bin ich schon verreist. Besonders schön fand ich die Reise nach:

_____

_____

mit: _____

_____

Was ich besonders mag: _____
(Hobbys, Lieblingstiere, -musik,
-filme, -bücher, -spiele, -speisen)
_____

_____

_____

_____

Was ich überhaupt nicht mag: _____

_____

_____

Das möchte ich machen, wenn ich groß bin:

_____

Das wünsche ich mir: _____

_____

HIER IST PLATZ
FÜR EIN FOTO ;-
VON DIR!

Das bin ich: _____

Meine Adresse: _____

_____

Telefon: _____

Mein Geburtstag ist am: _____

Mein Sternzeichen: _____

Meine Haarfarbe: _____

Meine Augenfarbe: _____

Ich gehe auf diese Schule: _____

_____

in die Klasse: _____

In den Schul-
ferien bin ich schon
verreist. Besonders
schön fand ich die Reise nach: _____

_____

mit: _____

_____

Was ich besonders mag: _____
(Hobbys, Lieblingstiere, -musik,
-filme, -bücher, -spiele, -speisen)

_____

_____

_____

Was ich überhaupt nicht mag: _____

_____

_____

Das möchte ich machen, wenn ich groß bin: _____

_____

Das wünsche ich mir: _____

_____

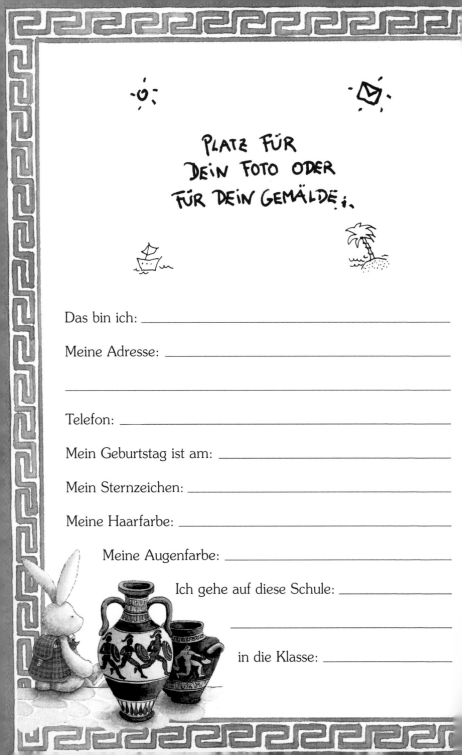

PLATZ FÜR
DEIN FOTO ODER
FÜR DEIN GEMÄLDE.

Das bin ich: _____

Meine Adresse: _____

_____

Telefon: _____

Mein Geburtstag ist am: _____

Mein Sternzeichen: _____

Meine Haarfarbe: _____

Meine Augenfarbe: _____

Ich gehe auf diese Schule: _____

_____

in die Klasse: _____

In den Schulferien bin ich schon verreist. Besonders schön fand ich die Reise nach:

_____

_____

mit: _____

_____

Was ich besonders mag: _____
(Hobbys, Lieblingstiere, -musik,
-filme, -bücher, -spiele, -speisen)

_____

_____

_____

Was ich überhaupt nicht mag: _____

_____

_____

Das möchte ich machen, wenn ich groß bin: _____

_____

Das wünsche ich mir: _____

_____

HIER FEHLT NOCH
EIN FOTO ODER
EIN KUNSTWERK VON
➔ DIR.¡. !

Das bin ich: _____

Meine Adresse: _____

_____

Telefon: _____

Mein Geburtstag ist am: _____

Mein Sternzeichen: _____

Meine Haarfarbe: _____

Meine Augenfarbe: _____

Ich gehe auf diese Schule: _____

_____

in die Klasse: _____

In den Schulferien bin ich schon verreist.
Besonders schön fand ich die Reise nach:

_____

mit: _____

_____

Was ich besonders mag: _____
(Hobbys, Lieblingstiere, -musik,
-filme, -bücher, -spiele, -speisen)
_____

_____

_____

Was ich überhaupt nicht mag: _____

_____

_____

Das möchte ich machen, wenn ich groß bin: ____

_____

_____

Das wünsche ich mir: _____

_____

HIER IST PLATZ
FÜR EIN FOTO
VON DIR !

Das bin ich: _____

Meine Adresse: _____

_____

Telefon: _____

Mein Geburtstag ist am: _____

Mein Sternzeichen: _____

Meine Haarfarbe: _____

Meine Augenfarbe: _____

Ich gehe auf diese Schule: _____

_____

in die Klasse: _____

In den Schulferien bin ich schon verreist. Besonders
schön fand ich die Reise nach: _____

_____

mit: _____

_____

Was ich besonders mag: _____
(Hobbys, Lieblingstiere, -musik,
-filme, -bücher, -spiele, -speisen)
_____

_____

_____

Was ich überhaupt nicht mag: _____

_____

_____

Das möchte ich machen, wenn ich groß bin: _____

_____

_____

Das wünsche ich mir: _____

_____

HIER FEHLT NUR
NOCH DAS ALLER-
SCHÖNSTE FOTO
VON DIR!

Das bin ich: _____

Meine Adresse: _____

_____

Telefon: _____

Mein Geburtstag ist am: _____

Mein Sternzeichen: _____

Meine Haarfarbe: _____

Meine Augenfarbe: _____

Ich gehe auf diese Schule: _____

_____

in die Klasse: _____

In den Schulferien bin ich schon verreist.
Besonders schön fand ich die Reise
nach:

_____

_____

mit: _____

_____

Was ich besonders mag: _____
(Hobbys, Lieblingstiere, -musik,
-filme, -bücher, -spiele, -speisen)
_____

_____

_____

Was ich überhaupt nicht mag: _____

_____

_____

Das möchte ich machen, wenn ich groß bin: _____

_____

Das wünsche ich mir: _____

_____

_____

PLATZ FÜR
DEIN FOTO ODER
FÜR DEIN GEMÄLDE.

Das bin ich:

_____

Meine Adresse: _____

_____

Telefon: _____

Mein Geburtstag ist am: _____

Mein Sternzeichen: _____

Meine Haarfarbe: _____

Meine Augenfarbe: _____

Ich gehe auf diese Schule: _____

in die Klasse: _____

In den Schulferien bin ich schon verreist. Besonders schön fand ich die Reise nach:

_____

_____

mit: _____

_____

Was ich besonders mag: _____
(Hobbys, Lieblingstiere, -musik, -filme, -bücher, -spiele, -speisen)

_____

_____

_____

Was ich überhaupt nicht mag: _____

_____

_____

Das möchte ich machen, wenn ich groß bin:

_____

Das wünsche ich mir: _____

_____

HIER IST PLATZ
FÜR EIN FOTO ÷-
VON **DIR** !

Das bin ich: _____

Meine Adresse: _____

_____

Telefon: _____

Mein Geburtstag ist am: _____

Mein Sternzeichen: _____

Meine Haarfarbe: _____

Meine Augenfarbe: _____

Ich gehe auf diese Schule: _____

_____

in die Klasse: _____

In den Schul-
ferien bin ich schon
verreist. Besonders
schön fand ich die Reise nach: _____

_____

mit: _____

_____

Was ich besonders mag: _____
(Hobbys, Lieblingstiere, -musik,
-filme, -bücher, -spiele, -speisen)
_____

_____

_____

_____

Was ich überhaupt nicht mag: _____

_____

_____

Das möchte ich machen, wenn ich groß bin: _____

_____

Das wünsche ich mir: _____

_____

PLATZ FÜR
DEIN FOTO ODER
FÜR DEIN GEMÄLDE.

Das bin ich: _____

Meine Adresse: _____

_____

Telefon: _____

Mein Geburtstag ist am: _____

Mein Sternzeichen: _____

Meine Haarfarbe: _____

Meine Augenfarbe: _____

Ich gehe auf diese Schule: _____

_____

in die Klasse: _____

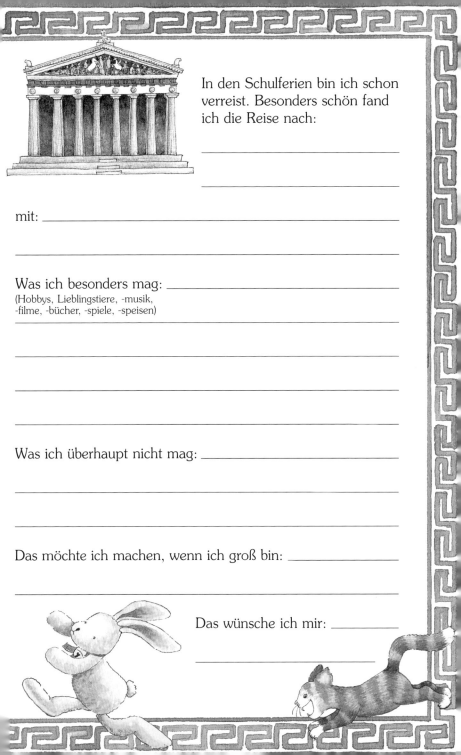

In den Schulferien bin ich schon verreist. Besonders schön fand ich die Reise nach:

_____

_____

mit: _____

_____

Was ich besonders mag: _____
(Hobbys, Lieblingstiere, -musik,
-filme, -bücher, -spiele, -speisen)

_____

_____

_____

Was ich überhaupt nicht mag: _____

_____

_____

Das möchte ich machen, wenn ich groß bin: _____

_____

Das wünsche ich mir: _____

_____

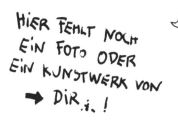

HIER FEHLT NOCH
EIN FOTO ODER
EIN KUNSTWERK VON
➜ DIR..! !

Das bin ich: _____

Meine Adresse: _____

_____

Telefon: _____

Mein Geburtstag ist am: _____

Mein Sternzeichen: _____

Meine Haarfarbe: _____

Meine Augenfarbe: _____

Ich gehe auf diese Schule: _____

_____

in die Klasse: _____

In den Schulferien bin ich schon verreist.
Besonders schön fand ich die Reise nach:

_____

mit: _____

_____

Was ich besonders mag: _____
(Hobbys, Lieblingstiere, -musik,
-filme, -bücher, -spiele, -speisen)

_____

_____

_____

Was ich überhaupt nicht mag: _____

_____

_____

Das möchte ich machen, wenn ich groß bin: _____

_____

_____

Das wünsche ich mir: _____

_____

HIER IST PLATZ
FÜR EIN FOTO ÷-
VON DIR!

Das bin ich: _____

Meine Adresse: _____

_____

Telefon: _____

Mein Geburtstag ist am: _____

Mein Sternzeichen: _____

Meine Haarfarbe: _____

Meine Augenfarbe: _____

Ich gehe auf diese Schule: _____

_____

in die Klasse: _____

In den Schulferien bin ich schon verreist. Besonders schön fand ich die Reise nach: _____

_____

mit: _____

_____

Was ich besonders mag: _____
(Hobbys, Lieblingstiere, -musik,
-filme, -bücher, -spiele, -speisen)

_____

_____

_____

Was ich überhaupt nicht mag: _____

_____

_____

Das möchte ich machen, wenn ich groß bin: _____

_____

_____

Das wünsche ich mir: _____

_____

HIER FEHLT NUR NOCH DAS ALLER-SCHÖNSTE FOTO VON DIR!

Das bin ich: _____

Meine Adresse: _____

_____

Telefon: _____

Mein Geburtstag ist am: _____

Mein Sternzeichen: _____

Meine Haarfarbe: _____

Meine Augenfarbe: _____

Ich gehe auf diese Schule: _____

_____

in die Klasse: _____

In den Schulferien bin ich schon verreist.
Besonders schön fand ich die Reise
nach:

_____

_____

mit: _____

_____

Was ich besonders mag: _____
(Hobbys, Lieblingstiere, -musik,
-filme, -bücher, -spiele, -speisen)

_____

_____

Was ich überhaupt nicht mag: _____

_____

_____

Das möchte ich machen, wenn ich groß bin: _____

_____

Das wünsche ich mir: _____

_____

_____

PLATZ FÜR
DEIN FOTO ODER
FÜR DEIN GEMÄLDE.

Das bin ich:

_____

Meine Adresse: _____

_____

Telefon: _____

Mein Geburtstag ist am: _____

Mein Sternzeichen: _____

Meine Haarfarbe: _____

Meine Augenfarbe: _____

Ich gehe auf diese Schule: _____

in die Klasse: _____

In den Schulferien bin ich schon verreist. Besonders schön fand ich die Reise nach:

_____

_____

mit: _____

_____

Was ich besonders mag: _____
(Hobbys, Lieblingstiere, -musik,
-filme, -bücher, -spiele, -speisen)
_____

_____

_____

_____

Was ich überhaupt nicht mag: _____

_____

_____

Das möchte ich machen, wenn ich groß bin:

_____

Das wünsche ich mir: _____

_____

HiER iST PLATZ
FÜR EIN FOTO ÷-
VON DIR!

Das bin ich: _____

Meine Adresse: _____

_____

Telefon: _____

Mein Geburtstag ist am: _____

Mein Sternzeichen: _____

Meine Haarfarbe: _____

Meine Augenfarbe: _____

Ich gehe auf diese Schule: _____

_____

in die Klasse: _____

In den Schul-
ferien bin ich schon
verreist. Besonders
schön fand ich die Reise nach: _____

_____

mit: _____

_____

Was ich besonders mag: _____
(Hobbys, Lieblingstiere, -musik,
-filme, -bücher, -spiele, -speisen)
_____

_____

_____

_____

Was ich überhaupt nicht mag: _____

_____

_____

Das möchte ich machen, wenn ich groß bin: _____

_____

Das wünsche ich mir: _____

_____

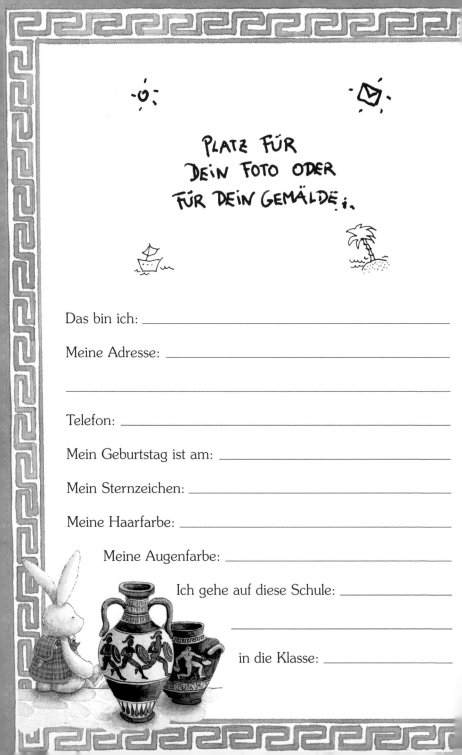

PLATZ FÜR
DEIN FOTO ODER
FÜR DEIN GEMÄLDE.

Das bin ich: _____

Meine Adresse: _____

_____

Telefon: _____

Mein Geburtstag ist am: _____

Mein Sternzeichen: _____

Meine Haarfarbe: _____

Meine Augenfarbe: _____

Ich gehe auf diese Schule: _____

_____

in die Klasse: _____

In den Schulferien bin ich schon verreist. Besonders schön fand ich die Reise nach:

_____

_____

mit: _____

_____

Was ich besonders mag: _____
(Hobbys, Lieblingstiere, -musik,
-filme, -bücher, -spiele, -speisen)

_____

_____

_____

Was ich überhaupt nicht mag: _____

_____

_____

Das möchte ich machen, wenn ich groß bin: _____

_____

Das wünsche ich mir: _____

_____

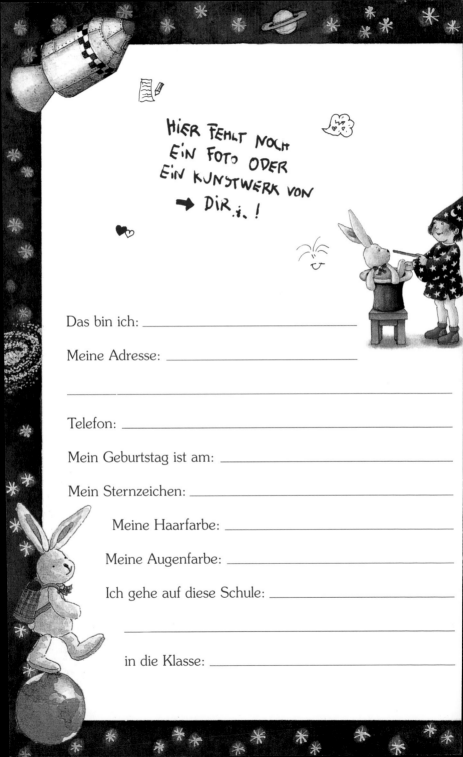

HIER FEHLT NOCH
EIN FOTO ODER
EIN KUNSTWERK VON
→ DIR.. !

Das bin ich: _____

Meine Adresse: _____

_____

Telefon: _____

Mein Geburtstag ist am: _____

Mein Sternzeichen: _____

Meine Haarfarbe: _____

Meine Augenfarbe: _____

Ich gehe auf diese Schule: _____

_____

in die Klasse: _____

In den Schulferien bin ich schon verreist.
Besonders schön fand ich die Reise nach:

_____

mit: _____

_____

Was ich besonders mag: _____
(Hobbys, Lieblingstiere, -musik,
-filme, -bücher, -spiele, -speisen)
_____

_____

_____

_____

Was ich überhaupt nicht mag: _____

_____

_____

Das möchte ich machen, wenn ich groß bin: _____

_____

_____

Das wünsche ich mir: _____

_____

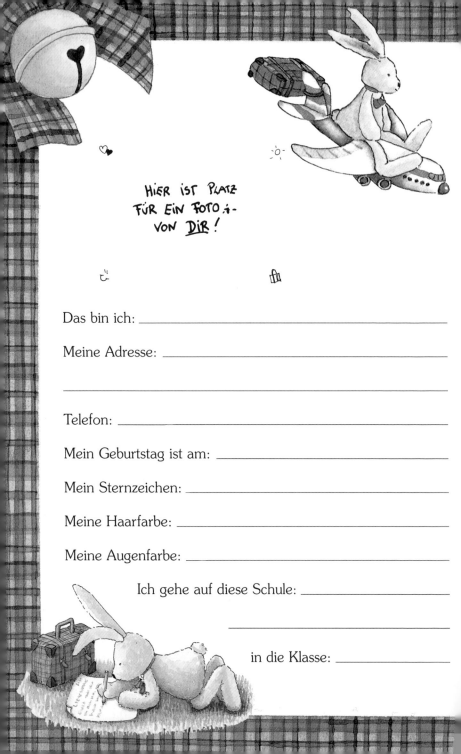

HIER IST PLATZ FÜR EIN FOTO - VON DIR!

Das bin ich: _____

Meine Adresse: _____

_____

Telefon: _____

Mein Geburtstag ist am: _____

Mein Sternzeichen: _____

Meine Haarfarbe: _____

Meine Augenfarbe: _____

Ich gehe auf diese Schule: _____

_____

in die Klasse: _____

In den Schulferien bin ich schon verreist. Besonders
schön fand ich die Reise nach: _____

_____

mit: _____

_____

Was ich besonders mag: _____
(Hobbys, Lieblingstiere, -musik,
-filme, -bücher, -spiele, -speisen)
_____

_____

_____

_____

Was ich überhaupt nicht mag: _____

_____

_____

Das möchte ich machen, wenn ich groß bin: _____

_____

_____

Das wünsche ich mir: _____

_____

DIES IST DEIN FELIX-GEBURTSTAGS-KALENDER

…damit auch kein Geburtstagskind rund ums Jahr vergessen wird!

JANUAR : _____

_____

_____

_____

_____

_____

_____

FEBRUAR : _____

_____

_____

_____

MÄRZ 🐱: _____

_____

_____

_____

_____

_____

_____

APRIL 🦋: _____

_____

_____

_____

_____

_____

MAI 🎂 : _____

_____

_____

_____

_____

_____

_____

JUNI 😊 : _____

_____

_____

_____

_____

_____

_____

JULI 🎁: _____ _____

_____
_____
_____
_____
_____
_____
_____

AUGUST 🍦: _____

_____
_____
_____
_____

_____
_____
_____
_____

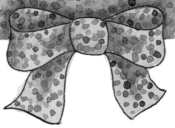

SEPTEMBER ☑. :

_____
_____
_____
_____
_____
_____
_____
_____

OKTOBER ♥:

_____
_____
_____
_____
_____
_____
_____
_____

NOVEMBER ☁: _____

_____

_____

_____

_____

_____

_____

DEZEMBER ✸: _____

_____

_____

_____

_____

_____

_____

_____

_____

VIEL SPAß MIT FELIX

Sophies reiselustiger
Kuschelhase hat schon
jede Menge aufregende
Abenteuer erlebt. Was
auf seinen Reisen alles
passiert ist, erfährst
du in diesen Büchern!

Übrigens:
Den kuscheligen
Plüschhasen Felix gibt
es wirklich! Weitere
tolle Geschenktips
für echte Felix-Fans:

Mit echten Briefen in jedem Band!

- Mein Felix-Aufkleberbuch
- Mein Reise-Tagebuch
- Meine Reisen (Mini-Fotoalbum)
- Mein Felix-Adressbuch
- Mein Felix-Schulfreundebuch
- Felix Memo, Felix Puzzle und vieles mehr gibt es

in deiner Buchhandlung, von:

Briefe von Felix
Ein kleiner Hase auf Weltreise
Mit 6 Länder-Aufklebern!
ISBN 3-8157-1100-2

COPPENRATH VERLAG & DIE SPIEGELBURG

Neue Briefe von Felix
Ein kleiner Hase reist
durch die Vergangenheit
Mit großer Wandkarte!
ISBN 3-8157-1200-9

Abenteuerliche Briefe von Felix
Ein kleiner Hase erforscht
unseren blauen Planeten
Mit Weltkugel zum Aufblasen!
ISBN 3-8157-1400-1

Weihnachtsbriefe von Felix
Ein kleiner Hase besucht
den Weihnachtsmann
Mit Weihnachtsmann-Mütze!
ISBN 3-8157-1500-8